Droit Administratif

des biens

L'UTILISATION PRIVATIVE DU
DOMAINE PUBLIC

TABLE DES MATIERES

IIème

BIBLIOGRAPHIE

....

53

INTRODUCTION

Les collectivités publiques, l'administration possèdent deux sortes de biens, les biens du domaine public d'une part, et les biens du domaine privé d'autre part. La théorie du domaine public est ancienne, elle remonte à l'Ancien régime. En effet, les régimes juridiques du domaine public et du domaine privé sont différenciés. Dans la présente étude, nous allons parler strictement du domaine public. La définition de ce dernier a été largement évolué, une définition surtout doctrinale et jurisprudentielle.

Pour les théoriciens du XIXème siècle : Duguit et Jèze, parlaient qu'il y a une dépendance du domaine public si la chose est affectée à un service public. Hauriou, affirmait qu'il faut qu'il s'agisse de propriété administrative affectée à l'utilité publique. Waline, disait que le domaine public ne doit comprendre, parmi les biens affectés à l'utilité publique, que ceux qui sont indispensables à la satisfaction des exigences de l'utilité publique.

Le conseil d'Etat Français dans un arrêt société le Béton du 19 octobre 1956 ajoutait un « aménagement spécial ».

Actuellement, la nouvelle définition du domaine public est que « le domaine public sont des biens appartenant à une personne publique qui sont soit, affectés à l'usage direct du public, soit affectés à un service public pourvue qu'ence cas, ils fassent l'objet, d'un aménagement indispensable à l'exécution des missions de service publique ». Dans certains hypothèses, l'appartenance d'un bien au domaine public est directement prévue par un texte

Ainsi définie, le domaine public est soumis à un régime spécial et soumis à deux modes d'utilisations par les usagers. Il y a d'une part, l'utilisation collective ou commune et d'autre part, l'utilisation privative. L'utilisation collective est la plus logique des deux.

En effet, elle est une utilisation réalisée par le public en tant que telle, de façons anonyme et impersonnelle. Cette utilisation a lieu sans intervention d'un titre juridique particulier et soumise à des principes traditionnels qui sont : la liberté, l'égalité et la gratuité. Ces principes de nos jours, souffrent de nombreuses exceptions.

L'utilisation privative est la seconde forme d'utilisation du domaine public. Elle est effectuée par des personnes individuellement déterminées par un titre conféré par l'administration.Ce titre, qui a un caractère précaire et révocable, leurs donnent le droit d'occuper d'une manière privative une portion du domaine public. Par ailleurs, le droit pour l'administration de consentir une telle utilisation a été discuté, certains auteurs du XIXème siècle considéraient cette utilisation comme contraire à l'affectation du domaine à l'usage du public. Ainsi, à notre temps, un bon nombre d'usagers recourentà ce mode d'utilisation du domaine public pour leur activité économique.

Ce phénomèned'utilisation privative du domaine public gagne beaucoup de terrain actuellement, qu'il gène même parfois l'utilisation collective du domaine (par exemple : installation sur le trottoir de la voie publique et qui gène les piétons) d'où notre thème intitulé « L'utilisation privative du domaine public » On se demande parfois : Est-ce que ces occupants sont-ils soumis à un quelconques règles ?ou ils fassent ce qu'ils veulent sans être contrant ? L'étude de ces questions nous amènes à étudier dans la première partie de notre devoir, les formes d'utilisations privatives du domaine public et dans la seconde partie leur régime juridique.

IERE PATRIE : LES DIFFERENTES FORMES D'UTILISATION DU DOMAINE PUBLIC

L'utilisation privative du domaine public se traduise par l'occupation, par une personne déterminée d'une dépendance du domaine public, qui du fait de cet occupation se trouve soustraite à toute possibilité d'utilisation par d'autre. Cette utilisation privative est l'une des deux modes d'utilisation du domaine public. A ce mode d'utilisation on peut le regrouper en deux formes : les formes d'utilisation par rapport à la destination du domaine (chapitre I) et les formes d'utilisation par rapport à la situation du domaine (chapitre II)

Chapitre I : Les formes d'utilisation par rapport à la destination du domaine

Si l'on tente de faire une classification des différentes portions du domaine public, on constate que certaines d'entre elles, sont affectées par nature à l'utilisation collective du public. Comme par exemple : de voie publique alors que d'autres sont affectées à l'utilisation privative. Mais à l'intérieur de l'utilisation privative, il faut faire une importante distinction : elle peut être faite sur une dépendance du domaine affecté à l'utilisation privative (section I) et elle peut aussi être faite sur une dépendance du domaine affecté à l'utilisation commune (section II)

Section I-L'utilisation privative du domaine affecté à l'utilisation privative

Lorsqu'une personne utilise privativement le domaine affecté à l'utilisation privative, l'utilisation est considérée conforme à l'affectation (§1) et quelque exemples de l'utilisation conforme (§2)

§1-La notion d'utilisation conforme

On dit souvent que « l'utilisation du domaine public doit être conforme à l'affectation ».

Elle ne doit jamais entraver le droit qu'a l'administration de déterminer ou de modifier l'affectation du domaine. Il y a même une obligation pour l'administration d'assurer une utilisation normale du domaine Elle est tenue d'engager de poursuite justifiée s'il y a une atteinte à l'affectation du domaine

Ce principe a été dégagé par l'arrêt du CE du 27 Mai 1977 Victor Delforge. Mais qu'est ce qu'on entend par l'utilisation conforme ?

L'utilisation du domaine public est dite conforme lorsqu'elle est directement en rapport avec l'affectation même du domaine.

Exemple : les marchands vendent sur les marchés. On dit aussi dans d'autre terme que l'utilisation est normale. Par ailleurs on pose aussi la question de savoir si l'utilisation privative, du domaine public peut être conforme à l'affectation du domaine

Mais comme on a mentionné ci-dessus, si on fait la distinction du domaine public, il y a le domaine public qui est par nature destiné à l'utilisation commune, et il y a d'autre part, le domaine qui est par nature destiné à l'utilisation privative. Dans ce second cas, l'utilisation privative est conforme à l'affectation du domaine. L'exemple dans ce cas abonde

§2-Quelque exemples d'utilisation conforme du domaine public

L'utilisation privative du domaine public peut être conforme à l'affectation du domaine dans certains cas :

Par exemple le cas de concessions funéraires dans les cimetières. La particularité de ce contrat comportant l'occupation privative est la disparition quasi-total de la précarité, (c'est le caractère du titre d'occupation du domaines public que nous verrons plus tard dans la IIème partie de notre devoir) qui peut aller de 15ans, de 30ans de 50ans, il existe même de concession perpétuelle. Le deuxième exemple, c'est le cas des contrats de place dans les halles et marchés : les hales et marchés font l'objet d'une utilisation collective par les acheteurs, mais d'une utilisation privative par les marchands (dans leur stalles). Ce contrat, généralement faite par la commune propriétaire est un contrat administratif. Au cas où par erreur, l'administration contracte un bail commercial sur le domaine public, sa responsabilité est peut être engagée parce qu'il est interdit de contracter un bail commercial avec le domaine public, se serait contre le principe selon lequel le domaine public doit être libre de son usage à tout moment. Il y a aussi le cas de concession de plage qui se traduit par l'attribution de portion de rivages de la mer ou de lais et relais à des plagistes prenant en charge l'installation et l'exploitation

Dans tous ces cas, les pouvoirs de l'administration sont réduits puisque le domaine est ici utilisé conformément à son affectation

Section II-L'utilisation privative du domaine affecté à l'utilisation commune

Le domaine affecté à l'utilisation commune peut faire l'objet d'une utilisation privative. Dans ce cas on dit que l'utilisation est compatible (§1)

Et nombreux sont les exemples d'utilisation compatible (§2)

§1-La notion d'utilisation compatible

Le domaine public peut être utilisé de façon compatible, c'est-à-dire qui n'est pas en rapport avec l'affectation du domaine. On dit souvent dans ce cas que l'utilisation est anormale. Mais voyons que dans le sens courant du terme « compatible» signifié une chose qui peut être s'accorder avec d'autre. Dans le droit du domaine public donc, compatible signifie que l'utilisation sans être en rapport avec l'affectation mais néanmoins peut s'accorder avec elle. Tandis que l'anormale signifie, une chose qui n'est pas conforme aux règles, qui ne se produit pas souvent. On ne saurait qualifier que l'utilisation compatible signifie l'utilisation anormale. Occupations conformes et occupations compatibles sont les unes et les autres des occupations normales

Est-ce qu'on peut considérer comme anormale que des kiosques à journaux et des terrasses de café soient installées sur les trottoirs des voies publiques ? Les seules occupations anormales sont celles qui ne sont même pas compatible avec l'affectation des dépendances occupées. Mais justement ces occupations n'a pas droit à l'existence.

§2-Quelque exemples d'utilisation compatible

L'utilisation compatible du domaine est une utilisation fréquente faite par l'usager du domaine. Dans ce cas, les pouvoirs de l'administration sont très importants et le droit des bénéficiaires est réduit. En effet, cette utilisation doit être précédée en principe par une autorisation délivrée par l'administration. Contrairement à l'utilisation collective, cette utilisation n'est jamais gratuite, l'occupant doit payer une redevance. Les utilisations conformes concernent surtout : de l'installation de terrasses de café, de kiosques à journaux, d'étalages, de pompe à essence sur la voie publique ou le cas des installations faites par un concessionnaire de service public, de buffet dans les gares. Particulièrement important est le problème « des concessions de plage » faites à des plagistes. Après location d'une plage par l'Etat à la commune, celle-ci peut concéder l'exploitation à un plagiste. Toutefois le libre accès à la mer doit être maintenu

Chapitre II- Les formes d'utilisation par rapport à la situation du domaine public

Les formes d'utilisation par rapport à la situation du domaine public sont diverses. Il y a l'occupation avec ou sans emprise (section

I) ou ne occupation dans le but de satisfaire l'intérêt privé ou dans le but de satisfaire l'intérêt général (section II)

Section I-L'occupation avec ou sans emprise

Une occupation est dite avec emprise s'il y a une modification de l'assiette du domaine (s2) et elle est au contraire sans emprise si ne modifie pas l'assiette du domaine (s1)

§1 L'occupation sans emprise

Les occupations sans emprise sont, par exemple, représentées par la pose dans les limites des voies ou promenades publiques de terrasses de café ou de restaurant d'éventaires de marchandises, par l'installation d'un marché ambulant ou d'une fête foraine sur une place publique ou encore par la pose de cabine de bain sur les plages. Les kiosques à journaux ou à fleurs s'ils sont dépourvus de fondations modifiant l'assiette de la dépendance domaniale et s'ils peuvent être placés ou enlevés sans risque de dégradation du domaine. Est aussi une occupation sans emprise une occupation fait par les taxis des emplacements que leur sont réservés pour stationner sur la voie publique

§2-L'occupation avec emprise

Il y a au contraire une emprise dans le sous sol de la dépendance domaniale et modification de son assiette, quand son occupation se traduit, par exemple : par l'implantation le long des rues et routes de pylônes d'électricité, la pose de canalisations souterraines dans le sous-sol des voies publiques, l'installation en bordure de ces voies de stations de distribution d'essence, par l'édification de palissades de chantiers fixées par les poteaux enfoncés et scellés dans le sous sol des voies publiques, par l'implantation de certains kiosques à journaux ou à fleurs ainsi que la pose de rails de tramways.

Section II-L'occupation dans le but de satisfaire l'intérêt privé ou dans le but de satisfaire l'intérêt général

Certaines occupations privatives du domaine public sont dans le but de satisfaire l'intérêt privés (§1) tandis que d'autres tendent à satisfaire l'intérêt général (§2)

§1-L'occupation dans le but de satisfaire l'intérêt privé

Certaines occupations n'ont d'autre raison d'être que de satisfaire l'intérêt pécuniaire de l'occupant. Elles ne sont sans doute pas contraires à l'intérêt général. Mais le service de cet intérêt n'est pas leur objet. C'est par exemple, le cas des occupations de la voies publique par des kiosques à journaux ou fleurs, par des éventaires de marchandise ou par des terrasses de café ou de restaurant, ou encore celle de terrains portuaires par des commerçant ou industriel qui ont intérêt à rapprocher leur établissements dans les lieux d'arrivé et d'expédition des marchandises et des matières première

§2-L'occupation dans le but de satisfaire l'intérêt général

L'utilisation privative du domaine public dans certains, cas tendent à satisfaire l'intérêt général. Dans ce cas, la personne privée se substitue en quelque sorte à l'administration qui est le gardien de l'intérêt général. Ce but peut être les conditions d'occupation du domaine

En effet, il peut arriver que l'occupation est liée aux conditions d'exécutions de service public : occupations de voies publiques par des rails de tramways, des canalisations de gaz et d'eau, des pylônes d'électricité ou de téléphones ou encore concessions d'outillage dans les ports dont les unes, les concessions d'outillage public, ce sont des concessions de service public, les autres étant des autorisations d'outillage privé avec l'obligation de service public.

IIEME PARTIE : LES REGIMES JURIDIQUES DEL'UTILISATION PRIVATIVE DU DOMAINE PUBLIC

L'utilisation privative du domaine public est soumise à des conditions préalables d'utilisation (chapitre I)et soumis aux conditions de cessation (chapitre II)

Chapitre I-Les conditions préalable d'occupation privative du domaine public

Contrairement à l'utilisation collective, l'utilisation privative est soumise à autorisation (section I) et donne lieu à perception de redevance (section II) et l'occupant doit prendre conscience du caractère du titre d'occupation (section III)

Section I-La subordination à autorisation

La nécessité d'autorisation préalable est un principe dans cette forme d'utilisation (§1) et elle revêt de différentes formes (§2)

§1-Le principe

« Nul ne peut, sans autorisation délivrée par l'autorité compétente,   occuper une dépendance du domaine public ou l'utiliser dans des limites excédant le droit d'usage qui appartient à tous » Selon l'article 36 alinéas 01 du décret n° 2008-1141 du 01 décembre 2008 portant l'application de la loi n° 2008-013 du 23 juillet 2008 sur le domaine public

Il y a là l'expression du principe qui gouverne l'ensemble des occupations des dépendances des domaines publics en général. Quelles que soient les personnes publiques dont elles relèvent, leur occupation est subordonnée à l'obtention d'une autorisation. Par ailleurs, l'acceptation ou le refus de demande d'autorisation reste à l'entière discrétion de l'administration

Elle reste juge de l'opportunité d'accorder l'autorisation sollicité sans avoir à motiver sa décision en cas de refus. En effet, toute demande d'autorisation d'occupation temporaire du domaine public doit indiquer l'objet et la durée de cette occupation. D'une façon générale, l'autorisation est nécessaire aussi bien pour les occupations sans emprise que pour l'occupation avec emprise. Le régime applicable est seulement différencié en droit Français,

Ce principe de la nécessité d'une autorisation ne comporte pas d'exceptions

§2-Les différentes formes d'autorisation

Il existe deux formes d'autorisation d'occupation du domaine public : il y a d'une part, les permissions des voiries. La permission de voirie est un acte unilatéral autorisant un particulier à occuper privativement le parcelle du domaine public

La loi 2008-013 sur le domaine public prévoit deux sortes aussi d'acte unilatéral : il y a les permis ou autorisation d'occupation temporaire d'une durée d'une année renouvelable, révocable à tout époque sans indemnité pour une cause d'intérêt général article 15-b de la loi précitée. Il y a aussi les autorisations spéciales article 16-b de la loi 2008-013. Il peut être délivré dans la imite de trente ans, soit aux administrations, soit à la société ou à des particulier, des autorisations spéciales conférant le droit moyennant redevance, de récolte les produits naturelles du sol. Il y a d'autre part, les autorisations d'occupation contractuelles. L'article 15 -a de la même loi dispose que certaines parties du domaine public (….) peut faire l'objet d'affectation privative sous la forme d'un contrat de concession d'une durée maximale de 30 ans renouvelable. Par application des critères habituels du contrat administratif, les contrats d'occupation du domaine public sont des contrats administratifs en raison de l'objet.

Section II-L'exigence d'une redevance

Le second principe régissant l'utilisation privative subordonne l'occupation de la dépendance domaniale à une redevance (§1). Cette redevance est variable tant sur le montant que sur la forme (§2)

§1- L'occupant doit payer une redevance

Elle est imposée par l'administration au bénéficiaire de l'autorisation, en principe au profit de la personne publique propriétaire, En effet, la redevance est perçue en cas d'occupation de longue durée. La redevance est versée directement à la caisse de l'Etat pour l'occupation du domaine public de l'Etat. L'exception au principe de l'exigence de redevance est très rare, et s'il existe il est lié à des considérations d'ordre social. Ainsi, c'est à titre gratuit qu'est accordée aux « petits marchands ne tenant pas boutique » l'autorisation de pratiquer leur commerce sur Le trottoirs, notamment des voies publiques. Jugeant que l'administration est en droit de percevoir de redevance, alors même qu'il y a occupation sans titre, mais qu'elle ne saurait soumettre l'occupant titreà une redevance majorée ayant le caractère d'une pénalité. La nature de cette redevance a été discutée, s'agit-il d'une taxe ou d'une redevance. En effet, la taxe est une contribution fiscale, perçue au profit de l'Etat, des collectivités locales et des Etablissement public administratif en raison de fonctionnement d'n service publique sans que son montant soit en corrélation avec le coût du service, tandis que la redevance il doit y avoir l'existence d'un service rendu effectif au profit de l'usager. On peut être taxé pour le fonctionnement d'un service public mais la redevance on ne paye que pour un service rendu.

On admet aujourd'hui qu'il s'agit d'une taxe.

§2-La variabilité d'une redevance

Le montant de redevance varie selon l'emplacement et la nature de l'activité exercé. S'agissant de redevance relative aux occupations dont le bénéficiaire exerce sur le domaine public une activité lucrative, leur assiette est normalement constituée, non seulement par la valeur locative de l'emplacement occupé, mais aussi par la valeur « des avantages de toute nature » que l'occupation du domaine public doit procurer aux bénéficiaires de l'autorisation, il y a aussi la prise en compte de chiffre d'affaire. L'article 34 du décret n° 2008-1141 dispose que « le service des domaines est seul compétent pour fixer définitivement après avis de services techniques et financières les redevances relatives au domaine public de l'Etat quels que soient la forme et l'objet de la jouissance privative accordée » cet article parle du domaine public de l'Etat, qu'en est il alors du domaine public de la collectivité territoriale décentralisé ? Notre loi est muette sur ce point, mais on peut penser que cette compétence peut être attribuée aux représentants de l'Etat dans cette collectivité en l'occurrence le chef de district. La nature de cette redevance est aussi variable, elle peut être stipulée, soit en nature soit en espèce.

Section III-Le caractère d'autorisation d'occupation

L'autorisation d'occupation du domaine public a un caractère précaire et révocable à tout moment. Cela signifie qu'elle doit être délivrée pour une durée déterminée et n'est généralement pas renouvelée tacitement. Ainsi, le fait qu'une autorisation a été accordée par une durée déterminée ne limite pas la liberté de l'administration : la fixation d'un terme permet de prévoir la durée maximale de l'autorisation mais pas sa durée minimale. En effet, le droit pour l'administration de mettre fin à l'occupation (moyennant dans certain cas, uneindemnité) n'est tenu en échec ni par le fait qu'elle servirait à un objet d'intérêt général ou de service public. Ainsi, l'autorisation d'occupation peut toujours être révoquée le plus souvent pour des motifs d'intérêt général quel soit la durée d'occupation qui a été fixé initialement sans que la personne publique soit contraint de verser des indemnités au profit de permissionnaire évincé. Enfin, les autorisations d'occupation du domaine public sont délivrées à titre strictement personnelle et ne sont pas transmissible à des tiers.

Chapitre II-La cessation de l'utilisation privative du domaine public

La cessation de l'utilisation privative du domaine du domaine public est due par des nombreuses causes (section I) et elle entraine des séries de conséquence tant sur malgré cela, les occupant ne sont pas dépourvue de voie de recours contre la décision de l'administration 'section III)

Section I-Les causes

La cessation de l'utilisation privative du domaine public peut résulterde la volonté personnelle de l'occupant qui ne veut plus continuer l'activité ou de la volonté de l'administration.

Elle peut faire cesser l'utilisation pour cause d'intérêt général, dans ce cas il y a refus de renouvellement et abrogation de titre d'autorisation (§1) ou faire cesser aussi l'utilisationà titre de sanction, dans ce cas il y a révocation pour inexécution des conditions techniques et financières (§2)

§1- Refus de renouvellement et abrogationd'autorisation

L'intérêt général peut en toutes hypothèses justifié à mettre un terme à une occupation privative. Le domaine public étant affecté à l'utilité publique, cette destination fondamentale, ne peut en effet être mise en cause par la pérennité d'un intérêt particulier. Ainsi, en conséquence du principe de précarité, l'administration a le pouvoir tant de refuser le renouvellement d'une autorisation d'occupation venue à son terme, que d'abroger une autorisation en cours, en considération de fait survenus ou portés à sa connaissance postérieurement à la délivrance de l'autorisation. C'est dire que, le titulaire d'une autorisation n'a de droit, ni à son renouvellement, ni à son maintien jusqu'au terme prévu. Il en est ainsi exclu qu'il puisse utilement contester la décision en lui opposant un droit au maintien de l'autorisation.

Ainsi donc, l'occupant n'a pas de droit acquis au maintien de son titre.

Ce refus de renouvellement ou d'abrogation peut être dû surtout à la nécessité de l'intérêt général nouvelle ou due à une meilleure gestion du domaine. Il en est ainsi du non renouvellement de concessions de parcs à huitre pour insuffisance d'exploitation (CE 14 octobre 1991 Hellie) Dans tout cas, l'occupant peut contester aux tribunaux les décisions de refus du renouvellement ou d'abrogation.

§2-Révocation pour inexécution des conditions techniques et financières

L'autorisation d'occupation du domaine public est assortie de diverses conditions.Il y a des conditions techniques, c'est-à-dire des conditions d'installation, il y a des conditions d'objet de commerce, les conditions d'occupations personnelles et enfin, les conditions financières c'est-à-dire les redevances et les tarifs. L'occupant doit impérativement respecter ces conditions sous peine de révocation d'autorisation. En effet l'occupant ne peut procéder qu'à des installations précaires et démontable (article 15-b de la loi précitée sur le domaine public) en conséquence il est interdit de procéderà des installations fixes et durables. On pense que cela est surtout d'éviter que l'occupant investi beaucoup dans l'installation alors que l'administration peut lui demander de quitter le lieu à moment. L'objet du commerce convenu à l'avance doit être respecté par l'occupant.

L'occupant doit s'acquitter d'une redevance en contre partie d'occupation sous peine de révocation pour cause financière. Ainsi dans l'arrêt du CE du 23 juin 1986 THOMAS, le CE juge légal le retrait d'une autorisation de la librairie qui refuse d'accepter une augmentation de la redevance qui garantirait une meilleur exploitation du domaine

Section II-Les conséquences des décisions mettant fin à l'autorisation d'occupation

Dans certains cas, l'administration est tenue de payer une indemnité à l'occupant du domaine public, qui trouve son renouvellement refuser ou abroger (§1) et si en dépit du refus ou d'abrogation l'occupant continue d'occuper la dépendance, dans ce cas, il y a un occupant sans titre §2)

§1-L'éventuel indemnisation

Faisons une distinction selon qu'on est en présence de refus de renouvellement ou qu'on est en présence d'abrogation ou du retrait d'autorisation. Dans le 1er cas, la précarité des autorisations, même contractuelles, sur le domaine public se manifeste pleinement, le refus de renouvellement n'ouvre droit à une indemnité en aucun cas, qu'il concerne un contrat de concession, d'une autorisation d'occupation ou des autorisations spéciales. En effet, le bénéficiaire de l'autorisation en connaissait la durée. Il lui appartient de faire en sorte qu'aucun dommage ne soit subi par lui au terme de l'autorisation, et cela notamment en organisation adéquatement l'amortissement de ses éventuels investissements. S'il ne l'a pas fait, il est juste qu'il ne puisse s'en prendre qu'à lui même. Et dans le second cas, la situation est de différente. Une autorisation était en cours, elle va brusquement prendre fin. Le principe de précarité donne à l'administration le pouvoir d'y mettre fin même quand un terme avait été prévu.

Mais il n'impose pas que ce pouvoir soit exercé sans compensation

Encore, dans ce second cas, on fait une destination entre une autorisation issue d'un acte unilatéral ou d'un acte contractuel. Dans le cas d'une abrogation c'est seulement dans le cas d'un acte contractuel que l'occupant aura droit à indemnisation.

§2-l'occupation sans titre

Le statut de l'occupant sans titre est les conséquences, mais pas uniquement, du refus de renouvellement, de retrait de titre d'occupation. Ainsi dès lors qu'une dépendance du domaine public est occupée sans que cette dernière n'ait jamais été demandée ou obtenue, ou qu'elle soit venue à l'expiration, ou qu'elle ait été retirée, il y a occupation sans titre. L'administration est en droit de poursuivre l'expulsion des occupants sans titre qui se maintiendraient sur les lieux, ainsi que l'enlèvement de leur installation. A cette fin, l'administration à la possibilité d'enjoindre aux occupants d'évacuer les lieux. En cas d'échec de sa tentative, elle sera en droit de saisir la juridiction administrative pour lui faire ordonner l'expulsion et l'autoriser en cas de nécessité à y procéder par la force, ainsi qu'à enlever ou démolir les installations de l'occupant. En principe, le prononcé d'une ordonnance d'expulsion d'un occupant sans titre du domaine public est subordonné à la justification par la collectivité requérante d'une condition d'urgence. Cet urgence peut résulter soit d'une atteinte grave et immédiate portée à l'intégrité du domaine, soit de l'existence avérée d'un risque sérieux ou d'un danger réel et immédiat pour les occupants sans titre à se maintenir sur les lieux, soit encore d'un changement d'affectation de l'ouvrage dans l'intérêt d'un service public déterminé, nécessitant alors une libération des locaux sans délai.

Section III- Les recours des occupants contre les décisions de l'administration

Les décisions de refus de renouvellement ou de retrait d'autorisation est un acte administratif faisant grief, susceptible d'un recours pour excès de pouvoir devant le juge administratif. En effet, cet acte peut être contesté dans leur légalité externe et dans leur légalité interne. Il est bien entendu que les décisions encourent l'annulation si elles émanent d'une autorité incompétente. Ainsi par la règle du parallélisme de forme, une autorité compétente pour donner une autorisation est seule compétente pour en retirée.

Et aussi dans le cas où les décisions seraient la sanction de fautes reprochées à l'occupant alors que ces décisions ne sont pas motivées ou encore si elles ont été pris sans observation du principe du respect des droits de la défense. Comme ce fut le cas dans le classique affaire qui a été provoqué l'arrêt du 05 mai 1944 Dame Trompier – Gravier, dans l'affaire il y avait un retrait de l'autorisation de vendre des journaux dans un kiosque du Boulevard Saint-Denis Paris, la décision ayant été prise sans que le titulaire de l'autorisation ait été mise même de discuter les griefs formulés contre elle. Il en est de même si la décision est entachée de détournement de pouvoir ou si elle est illégale en raison de ses motifs. Le juge appréciera notamment si les faits invoquées par l'administration à l'appuyé de sa requête sont de nature à justifier juridiquement la décision. Il va de soi qu'en cas d'illégalité entachant le refus ou d'abrogation, la victime n'a pas le droit à être réintégré dans les lieux mais seulement il aura droit à réparation des préjudices que la décision a pu lui causer

CONCLUSION

Pour conclure, la soumission des patrimoines destinés au bien commun à un régime spécifique est une Tradition vieille, elle date depuis l'Ancien régime. Ainsi, en 1566, l'Edit de Moulin avait déjà interdit l'aliénation du domaine public. Par ailleurs, de nos jours, le législateur admet que certaine portions du domaine public puisse être utilisé privativement par une personne déterminée par un titre. Et cette utilisation gagne beaucoup de terrain au détriment de l'utilisation collective. Elle porte atteinte en effet, au critère fonctionnel du domaine public et assouplie ainsi le régime juridique de ce domaine. Ainsi, la loi Française du 27 juillet

1994, confère aux titulaires d'une simple autorisation temporaire d'occupation du domaine public, le droit de posséder de véritables droits réels, permettant l'indemnisation éventuelle du titulaire, la transmission, la cession ou même la soumission à l'hypothèque de ces droits sont possibles. Même des contrats de crédit – bail peuvent être conclus.

Pour dire qu'il existerait pour l'avenir un réel danger de voir la domanialité partir en lambeaux.

BIBLIOGRAPHIE

Ouvrages

-      André de Laubadère : Traité de droit administratif, tome 2, 8è édition L.G DJ 1986

-      Gustave Peiser : Droit administratif des biens, 19è édition DALLOZ 2007

-      Jean – Marie Auby : Droit administratif, 7è édition DALLOZ 1986

-      Réné Chapus : Droit administratif général, 8è édition, Montchrestien 1995

www.ingramcontent.com/pod-product-compliance
Lightning Source LLC
Chambersburg PA
CBHW071113220526

45467CB00004B/1846